Mon animal

Les hamsters

Rebecca Sjonger et Bobbie Kalman
Photographies de Marc Crabtree
Traduction : Marie-Josée Brière

Les hamsters est la traduction de *Hamsters* de Rebecca Sjonger et Bobbie Kalman (ISBN 0-7787-1785-2).
© 2004, Crabtree Publishing Company, 612, Welland Ave., St. Catharines, Ontario, Canada L2M 5V6

Catalogage avant publication de Bibliothèque et Archives nationales du Québec et Bibliothèque et Archives Canada

Sjonger, Rebecca

    Les hamsters

    (Mon animal)
    Traduction de : Hamsters.
    Comprend un index.
    Pour les jeunes de 6 à 10 ans.

    ISBN 978-2-89579-324-3

1. Hamsters (Animaux familiers) - Ouvrages pour la jeunesse. I. Kalman, Bobbie, 1947- . II. Crabtree, Marc. III. Titre.

SF459.H3S5614 2010   j636.935'6   C2010-940698-2

Recherche de photos
Crystal Foxton
Kristina Lundblad

Conseiller
Dr Michael A. Dutton, D.M.V., D.A.B.V.P., Clinique pour oiseaux et animaux exotiques du New Hampshire
www.exoticandbirdclinic.com

Remerciements particuliers à
Devan Cruickshanks et Scooter, Brody Cruickshanks, Heather et Tim Cruickshanks, Steve Cruickshanks, Kyle Foxton,
Doug Foxton, Aimee Lefebvre, Alissa Lefebvre, Jacquie Lefebvre, Jeremy Payne, Dave Payne, Kathy Middleton,
Natasha Barrett, Mike Cipryk et PETLAND

Photos
Marc Crabtree : quatrième de couverture, page titre, pages 3, 4, 5, 6, 11, 12, 13, 14, 15, 16-17, 18 (en haut), 19 (en haut),
20, 21 (en haut), 22, 23, 24, 25, 28, 30, 31
Robert MacGregor : page 21 (en bas)
Autres images : Comstock, Digital Stock et PhotoDisc

Illustrations
Margaret Amy Reiach

Nous reconnaissons l'aide financière du gouvernement du Canada par l'entremise du Programme d'aide au développement de
l'industrie de l'édition (PADIÉ) pour nos activités d'édition.

Conseil des Arts   **Canada Council**
du Canada   **for the Arts**

Bayard Canada Livres inc. remercie le Conseil des Arts du Canada du soutien accordé à son programme d'édition dans le cadre
du Programme des subventions globales aux éditeurs.

Cet ouvrage a été publié avec le soutien de la SODEC.
Gouvernement du Québec – Programme de crédit d'impôt pour l'édition de livres – Gestion SODEC.

Dépôt légal –
Bibliothèque et Archives nationales du Québec, 2010
Bibliothèque et Archives Canada, 2010

Direction : Andrée-Anne Gratton
Graphisme : Mardigrafe
Traduction : Marie-Josée Brière
Révision : Johanne Champagne

© Bayard Canada Livres inc., 2010
4475, rue Frontenac
Montréal (Québec)
Canada H2H 2S2
Téléphone : 514 844-2111 ou 1 866 844-2111
Télécopieur : 514 278-0072
Courriel : **edition@bayardcanada.com**
Site Internet : **www.bayardlivres.ca**

Imprimé au Canada

Table des matières

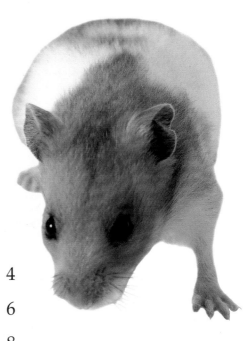

Qu'est-ce qu'un hamster?

Les hamsters sont des mammifères. Tous les mammifères ont une colonne vertébrale, et leur corps est généralement couvert de poils ou de fourrure. Les mères mammifères produisent à l'intérieur de leur corps le lait nécessaire pour nourrir leurs petits. Les hamsters font partie d'un groupe de mammifères appelés «rongeurs». La plupart des rongeurs sont tout petits et ont des **incisives** très coupantes.

Le corps du hamster

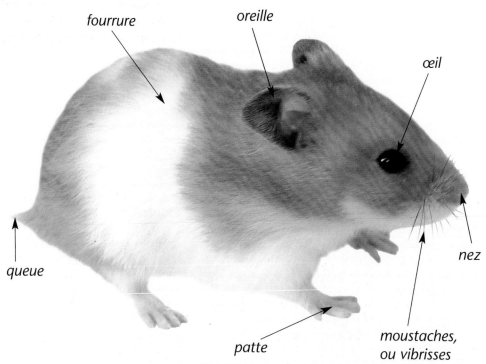

fourrure

oreille

œil

queue

nez

patte

moustaches, ou vibrisses

D'où viennent les hamsters ?

Les hamsters domestiques sont apparentés aux hamsters sauvages, qui ne vivent pas avec des humains. On retrouve des hamsters sauvages dans les déserts et les régions rocheuses. Ils creusent des tunnels souterrains qu'on appelle des « terriers ». Ils dorment dans ces terriers pendant la journée pour se protéger de la chaleur du soleil. Il sortent la nuit pour trouver à manger, quand il fait noir et que la chaleur est tombée. Comme les hamsters sauvages, les hamsters domestiques sont actifs surtout la nuit. La plupart du temps, ils passent leurs journées à dormir.

Les hamsters domestiques adorent les tunnels, les tuyaux et les autres jouets dont ils peuvent se servir comme terriers.

Est-ce un bon choix pour toi ?

Les hamsters sont mignons, et il est toujours amusant de les regarder s'activer dans leur cage. Comme ce sont de petites bêtes, ils n'ont pas besoin d'autant d'espace que certains autres animaux de compagnie. Les hamsters dorment presque toute la journée. Si tu réveilles le tien pendant le jour, pour jouer avec lui, tu vas le déranger. Si tu attends qu'il fasse noir, il sera plein d'énergie !

Seras-tu capable de bien t'occuper d'un hamster ?

Réfléchis bien !

Les questions qui suivent pourront vous aider, toi et ta famille, à décider si vous êtes prêts à adopter un hamster.

- As-tu d'autres animaux de compagnie qui pourraient faire peur ou faire mal à ton hamster ?

- Y a-t-il dans ta maison un endroit tranquille où tu pourras installer une cage ?

- Voudras-tu nettoyer la cage de ton hamster au moins une fois par semaine ?

- Qui va nourrir le hamster et lui donner de l'eau fraîche tous les jours ?

- Auras-tu le temps de jouer chaque soir avec ton hamster ?

- Y a-t-il des gens **allergiques** aux hamsters dans ta famille ?

Les différentes races

Il existe de nombreuses races, ou sortes, de hamsters à l'état sauvage, mais les animaux de quelques races seulement peuvent être gardés à la maison. Tu trouveras probablement dans les animaleries des hamsters de Syrie, des hamsters de Djungarie, des hamsters de Sibérie, des hamsters de Chine et des hamsters de Roborovski. Tous ces hamsters ont des habitudes et des caractéristiques différentes. À toi de choisir la race que tu préfères !

Les hamsters de Syrie sont les plus gros des hamsters domestiques. Leur corps peut mesurer de 15 à 18 centimètres de long.

Des animaux en or

La plupart des hamsters domestiques sont des hamsters de Syrie. On les appelle aussi « hamsters dorés » parce qu'ils ont souvent une fourrure de couleur dorée. Il existe divers types de hamsters de Syrie, qui peuvent avoir par exemple des taches ou des bandes. La fourrure de chacun de ces types diffère par sa couleur, ses motifs et sa longueur.

Les hamsters de Djungarie sont aussi appelés « hamsters de Campbell » ou « hamsters russes ». Ils ont une queue tellement courte qu'elle est parfois difficile à voir.

Les hamsters de Sibérie portent aussi le nom de « hamsters hiver blanc ». Ils passent du brun grisâtre au blanc pendant les mois d'hiver.

Les hamsters de Roborovski sont les plus petits des hamsters domestiques. Ils mesurent moins de 8 centimètres de longueur.

Les hamsters de Chine ont un corps élancé et une queue longue de 2,5 centimètres.

Les bébés

Les mères hamsters donnent naissance à plusieurs petits en même temps. Il peut y avoir jusqu'à 14 bébés dans un même groupe, appelé « portée ». À la naissance, les bébés hamsters sont roses parce qu'ils n'ont pas encore de poils. Ils sont également sourds et aveugles. Leur mère doit donc les protéger et les nourrir pendant les premières semaines de leur vie. Elle se couche à côté d'eux pour les garder au chaud.

Des animaux adorables

Les bébés hamsters sont très mignons et très amusants à regarder grandir. Cependant, si tu laisses ton hamster **s'accoupler** avec un autre hamster pour avoir des bébés, tu auras beaucoup d'animaux dont il faudra t'occuper ! Tu devras trouver un bon foyer pour chacun des petits avant qu'il soit assez grand pour quitter sa mère. Si tu ne veux pas avoir de bébés hamsters, il faut garder les mâles et les femelles séparément.

Une croissance rapide

Les petits hamsters commencent à voir et à entendre dix jours après leur naissance. Leur corps est maintenant couvert d'une fourrure douce et soyeuse. À l'âge de trois semaines, les petits doivent quitter leur mère. Sinon, la mère risque de se battre avec eux. Les petits risquent aussi de se battre entre eux si tu les gardes ensemble plus de six semaines.

Les mâles et les femelles hamsters peuvent s'accoupler et faire des bébés vers l'âge de cinq semaines.

Le choix d'un hamster

Il y a différents endroits où tu pourras trouver un hamster. Tu peux par exemple demander à tes amis s'ils ont de jeunes hamsters à donner, ou encore t'adresser à un **refuge pour animaux** s'il y en a un près de chez toi. Tu peux aussi acheter un hamster d'un **éleveur** ou dans une animalerie. L'important, c'est de prendre ton animal de compagnie dans un endroit où on s'occupe très bien des bêtes.

Les hamsters de Syrie aiment bien avoir une maison rien qu'à eux !

Trois, c'est trop !

Les hamsters de Syrie aiment vivre seuls. Si tu en mets deux ou plus ensemble, ils vont se battre et risquent de se blesser. Les hamsters de la plupart des autres races populaires aiment cependant vivre à deux. Il est recommandé de prendre deux mâles ou deux femelles de la même portée. Ils joueront ensemble et se tiendront compagnie.

Comment choisir?

Si tu décides d'adopter un hamster, prends ton temps pour le choisir. Pour savoir si celui qui t'intéresse est en bonne santé, vérifie les éléments suivants :

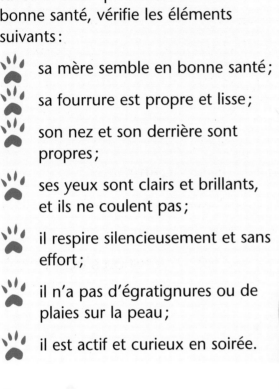 sa mère semble en bonne santé ;

sa fourrure est propre et lisse ;

son nez et son derrière sont propres ;

ses yeux sont clairs et brillants, et ils ne coulent pas ;

il respire silencieusement et sans effort ;

il n'a pas d'égratignures ou de plaies sur la peau ;

il est actif et curieux en soirée.

Les préparatifs

Avant de ramener ton hamster à la maison, tu dois préparer tout le matériel nécessaire pour prendre bien soin de lui. Voici ce dont tu auras besoin.

Pour commencer, achète une grande cage confortable.

Couvre le fond de la cage d'une litière faite par exemple de copeaux de tremble.

Si tu choisis un hamster à poil long, tu devras le brosser avec une petite brosse métallique ou une brosse à dents propre.

Si tu lui aménages une petite boîte ou une petite maison, ton hamster aura un endroit sombre et tranquille pour se reposer.

Choisis un bol à nourriture en **céramique**. Ainsi, ton hamster ne pourra pas le renverser ou le gruger !

S'il a une pierre de sel à lécher, ton hamster aura tout le sel dont il a besoin.

Une bouteille munie d'un tube de métal permettra à ton hamster de boire de l'eau fraîche.

Un mélange d'aliments frais et d'aliments préparés aidera ton hamster à rester en bonne santé.

Ton hamster va adorer grignoter ces branches d'arbre fruitier !

Pour éviter que ton hamster s'ennuie, donne-lui des jouets. C'est aussi un moyen de lui faire faire de l'exercice !

Bienvenue chez nous !

Quand tu auras choisi ton nouvel animal de compagnie, mets-le dans une petite cage ou dans une boîte de carton munie de trous de ventilation. En rentrant chez toi, arrête-toi chez un vétérinaire pour t'assurer que ton hamster n'a pas de maladies. Une fois à la maison, donne à ton hamster le temps qu'il lui faut pour s'habituer à toi et à ta famille.

Un coin confortable

Tu peux acheter une cage dans une animalerie. La plupart des cages sont faites d'un grillage métallique posé sur une base de plastique. Assure-toi que l'espacement entre toutes les barres de ce grillage est beaucoup moins large que le hamster, sans quoi il risque de sortir de sa cage! Comme il pourrait aussi sortir en grugeant la base de plastique, les barres de métal doivent descendre jusqu'au fond de la cage.

coin pour dormir

Ton hamster aura plus d'espace pour jouer dans une cage sur plusieurs niveaux.

Les tunnels placés dans la cage doivent être assez gros et être munis de trous d'aération.

L'endroit parfait

Il y a quelques éléments à prendre en considération pour savoir où installer la cage de ton hamster. Tu dois choisir de préférence un endroit :

- tranquille pendant la journée ;

- proche d'une fenêtre ensoleillée ;

- pas trop **humide** ;

- où la température reste toujours entre 18 °C et 26 °C.

En mettant la bouteille d'eau à l'extérieur de la cage, tu laisseras plus de place à l'intérieur pour ton hamster !

pierre de sel

bol à nourriture

Couvre le fond de la cage avec une litière d'au moins 2,5 centimètres d'épaisseur. Évite les copeaux de cèdre ou de pin. Ces sortes de bois pourraient rendre ton hamster très malade !

Une saine alimentation

Pour être en santé, les hamsters ont besoin de certains types d'aliments. Tu peux acheter à l'animalerie de la nourriture préparée spécialement pour eux. C'est un mélange de graines, de noix et de plantes séchées. Tous les soirs, après avoir nettoyé le bol de ton hamster, remplis-le de cette nourriture. Ton hamster aimera aussi les fruits et les légumes frais. Tu pourras lui donner chaque jour une petite poignée de morceaux de carottes, de concombres, de céleri, de raisins, de fraises ou de pommes.

Les hamsters entreposent de la nourriture dans leurs bajoues. Ils vont ensuite la cacher à différents endroits dans leur cage!

De l'eau fraîche

Ton hamster devra boire beaucoup d'eau pour être en bonne santé. Assure-toi que sa bouteille est toujours pleine d'eau fraîche. Attention aux bouteilles qui coulent! Et n'oublie pas de nettoyer la bouteille tous les jours.

À ne pas mettre au menu!

Fais très attention à ce que tu donnes à manger à ton hamster! Certains aliments pourraient le rendre malade.

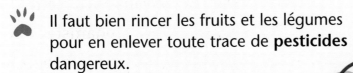

Il faut bien rincer les fruits et les légumes pour en enlever toute trace de **pesticides** dangereux.

Les **agrumes,** comme les oranges et les pamplemousses, ne sont pas bons pour les hamsters.

Ne donne jamais d'aliments gâtés à ton hamster! Enlève chaque jour la nourriture qui est restée dans sa cage depuis la veille.

Ton hamster sera malade s'il mange des bonbons ou d'autres friandises sucrées.

Les **produits laitiers,** par exemple le lait ou la crème glacée, sont aussi à éviter.

Les soins de toilette

Ton hamster va passer beaucoup de temps à faire sa toilette. Il va se servir de ses pattes, de sa langue et de ses dents pour rester propre. Mais il aura quand même besoin de ton aide pour être à son meilleur et se sentir bien !

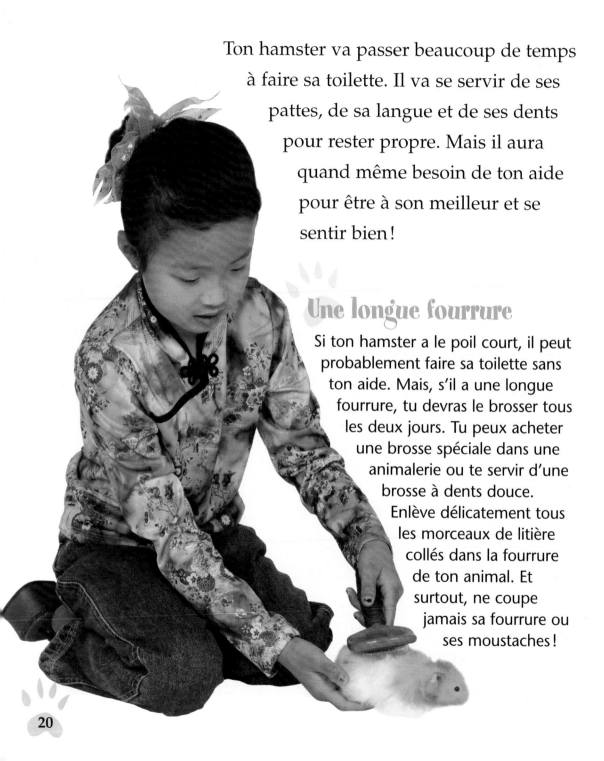

Une longue fourrure

Si ton hamster a le poil court, il peut probablement faire sa toilette sans ton aide. Mais, s'il a une longue fourrure, tu devras le brosser tous les deux jours. Tu peux acheter une brosse spéciale dans une animalerie ou te servir d'une brosse à dents douce. Enlève délicatement tous les morceaux de litière collés dans la fourrure de ton animal. Et surtout, ne coupe jamais sa fourrure ou ses moustaches !

Des dents pour gruger

Les hamsters ont à l'avant de la bouche quatre incisives bien aiguisées, qui n'arrêtent jamais de pousser. Tu pourras aider ton hamster à garder ses dents en bon état en lui donnant à gruger des petits morceaux de bois dur provenant d'arbres fruitiers. En grugeant, il limera ses dents pour éviter qu'elles deviennent trop longues.

Des griffes pour gratter

Si les griffes de ton hamster sont tellement longues qu'elles commencent à se recourber, demande à ton vétérinaire de te monter comment les tailler. Mais tu devras faire très attention ! Si tu les coupes trop court, elles pourraient saigner. Installe du carton ou du bois dans la cage de ton hamster pour qu'il puisse gratter. Ainsi, ses griffes ne deviendront pas trop longues.

Il faut toujours te servir d'un coupe-griffes ou de ciseaux faits exprès pour tailler les griffes des rongeurs.

Manipuler avec soin

Une fois que ton hamster aura eu une journée ou deux pour explorer sa cage et s'y sentir à l'aise, tu pourras l'habituer à se faire prendre. Lave toujours tes mains avant de manipuler ton hamster, et aussi après.

Viens me voir !

Pour commencer, laisse simplement ton hamster flairer tes mains et tes doigts. Il doit prendre le temps de s'habituer à ton odeur. Tu peux aussi lui offrir des feuilles de salade ou un autre aliment qu'il aime. Ton hamster viendra plus facilement te voir s'il pense qu'il aura à manger !

D'une main à l'autre

Quelques jours plus tard, quand il se sera habitué à toi, ton hamster décidera peut-être de grimper sur tes mains. Garde les mains bien à plat par terre, et laisse-le passer librement d'une main à l'autre. Après quelque temps, tu pourras essayer de prendre ton petit animal !

Sers-toi de tes deux mains pour prendre ton hamster. Et, bien sûr, ne le soulève jamais par les pattes ou par la tête !

L'heure de jouer

Quand vient l'heure de jouer, pendant la soirée, les hamsters sont actifs et curieux. Ils adorent courir, grimper, creuser et se cacher. Si ton hamster n'a pas assez de choses à faire dans sa cage, il risque de s'ennuyer et d'être malheureux. Voici quelques jouets que tu pourrais mettre dans la maison de ton hamster.

Avec des jouets transformables, ton hamster s'amusera deux fois plus !

Un peu de tout

Essaie d'ajouter de nouveaux jouets de temps en temps, ou de déplacer ceux qui se trouvent déjà dans la cage. Ainsi, ton hamster continuera de trouver sa cage intéressante! Mais ne change jamais plus d'une chose à la fois. Ton hamster pourrait être désorienté si toute sa maison était transformée d'un coup.

Des tubes de carton feront de très bons jouets pour ton hamster.

Une roue d'exercice est un excellent moyen de permettre à ton hamster de dépenser de l'énergie.

Qu'est-ce qu'il dit ?

Ton hamster est capable d'envoyer des messages aux gens et aux autres animaux sans émettre un seul son. Observe bien les mouvements qu'il fait. Il essaie peut-être de te dire quelque chose ! Parfois, tu pourras aussi savoir comment ton hamster se sent en écoutant les sons qu'il produit. Voici les façons de s'exprimer les plus courantes chez les hamsters.

Si ton hamster s'étire longuement en bâillant, c'est signe qu'il est content.

Quand un hamster rampe en cherchant un endroit pour se cacher, c'est probablement parce qu'il a peur.

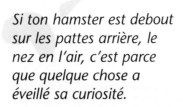

Si ton hamster est debout sur les pattes arrière, le nez en l'air, c'est parce que quelque chose a éveillé sa curiosité.

Un hamster qui est prêt à se battre pourra se coucher sur le dos, les pattes levées.

Écoute bien!

Les hamsters ne parlent pas, mais ils sont capables d'émettre des sons pour se faire comprendre. Si ton hamster pousse de petits cris, méfie-toi! Les hamsters ont souvent ce genre de comportement avant de mordre. Ils peuvent aussi gronder ou siffler s'ils se sentent menacés. Observe bien ton hamster s'il se met à crier. Cela peut vouloir dire qu'il a peur ou qu'il a mal quelque part.

Un hamster en sécurité

Si tu ne manipules pas bien ton hamster ou si tu le déranges pendant son sommeil, il pourrait mordiller ou même mordre. N'oublie pas que les dents des hamsters sont très coupantes ! Si tu le laisses tranquille quand il dort, il ne te mordra pas. Il faut aussi éviter de le surprendre quand tu veux jouer avec lui. Bouge doucement et manipule toujours ton hamster délicatement.

Montre à ta famille et à tes amis comment prendre correctement ton hamster. Il pourrait être nerveux si beaucoup de gens qu'il ne connaît pas essaient de jouer avec lui.

Toujours à l'intérieur

Ce n'est pas une bonne idée de laisser sortir ton hamster. C'est un petit animal capable de se déplacer très rapidement ! Il ira probablement se cacher le plus vite possible. Et il courra de graves dangers si un chat ou un oiseau le trouve avant toi.

Les chiens et les autres animaux de compagnie peuvent représenter un grave danger pour ton hamster !

En liberté

Avant de laisser ton hamster en liberté dans une pièce, vérifie certaines choses pour t'assurer qu'il ne risque rien.

- Y a-t-il des portes ou des fenêtres par lesquelles ton hamster pourrait s'échapper ?

- Y a-t-il des endroits ou des objets dans lesquels ton hamster pourrait se cacher ?

- Y a-t-il, dans la pièce, des objets que ton hamster pourrait endommager avec ses dents ou avec ses griffes ?

- Y a-t-il des plantes **toxiques** que ton hamster pourrait atteindre et manger ?

- Y a-t-il des câbles électriques visibles ? Si ton hamster les mordillait, ce serait très dangereux.

Chez le vétérinaire

Un vétérinaire, c'est un médecin qui soigne les animaux. Ton vétérinaire t'aidera à garder ton hamster en santé. Si tu penses que ton animal est malade, emmène-le tout de suite chez le vétérinaire. Plus tôt il se fera soigner, meilleures seront ses chances de survivre à sa maladie !

Ton vétérinaire pourra t'aider si tu te poses des questions sur la santé de ton hamster.

Demande de l'aide

Il est très important d'emmener ton hamster chez le vétérinaire dès que tu te rends compte qu'il est malade, par exemple s'il présente un des symptômes suivants :

- Il dort plus que d'habitude.
- Il mange moins que d'habitude.
- Son nez ou ses yeux coulent.
- Il a des plaies ou des croûtes sur la peau.
- Il perd son poil, ou sa fourrure est terne.
- Il respire anormalement fort.
- Il a le derrière humide.

Ton meilleur ami

Si tu décides d'adopter un hamster, tu devras t'occuper de lui tous les jours. Tu devras le nourrir, faire sa toilette et jouer avec lui. Un hamster heureux et en santé peut vivre de deux à trois ans. Profite bien du temps que tu auras avec ton ami !

Glossaire

accoupler (s') S'unir à un animal de la même espèce pour faire des bébés

agrume Fruit juteux à peau épaisse, comme les oranges

allergique Se dit d'une personne qui supporte mal quelque chose, par exemple un aliment ou un animal

céramique Matière dure et lisse obtenue par la cuisson de l'argile

éleveur Personne qui assure la reproduction, la naissance et le développement des animaux

incisives Dents aplaties et tranchantes à l'avant de la bouche

humide Se dit de l'air quand il contient beaucoup de vapeur d'eau

produits laitiers Aliments faits avec du lait ou ses dérivés, comme du fromage ou du yogourt

pesticide Produit chimique qui sert à tuer les organismes nuisibles, comme certains insectes

refuge pour animaux Centre où l'on s'occupe des animaux qui n'ont pas de foyer

toxique Se dit d'une chose qui contient des substances capables de rendre un animal malade, ou même de le tuer

Index